はじめに

「できたら文章を書かずにすませたい」このように思う校長先生が意外に多いのではないでしょうか。文章を書くことには時間も労力もかかります。さらに、ひとたび活字になると、もう消し去ることができません。つい書くことに後ろ向きになることも少なくありません。私自身もそうでした。

しかし校長という立場だと、文章を書かなければならない場面は至るところにあり、逃げるわけにはいきません。どうせ書かなければならないのなら、少しでもいい文章を書きたいと思うのは人の常《つね》というものです。文章の書き方の本を読んだり、いろいろな人の名文を読んだりして、書いたものが学校現場ではどのように生かせるかを考え、書くことについて自分なりに勉強してきました。そして書いたものが、信頼される学校経営につながることも学んできました。

私が「学校だより」に書いた文章が話題となり、保護者との話が深まり、さらに良好な関係になったことがあります。校長の思いを教員に伝える「校長室だより」の内容で、先生たちと教育への思いが重なったことが幾度となくあります。

本書では、自分のこれまでの試行錯誤の経験に加え、直接的な文章作成の技術ではありませんが、色紙や手紙、締め切り厳守など、文書を書く上でのもろもろのことにもふれています。

「書く力」により、教員や保護者たちからの信頼がより深くなることは、私の校長生活において実感してきました。

本書が少しでも校長先生たちの参考になれば幸いです。

― 目次 ―

「学校だより」は校長の姿そのもの

校長が書く文章の中で、機会が最も多く、またさまざまな人の目に一番ふれるものは「学校だより」であろう。この「学校だより」をどう書くかは、校長の「書く力」を発揮する上で極めて大事になる。なぜなら保護者はこの「学校だより」を、学校からの正式なメッセージとして受け取るからである。

私は、校長職を離れた今でも多くの「学校だより」を読む機会がある。すると、ある月は副校長、ある月は主幹、ある月は生活指導主任というように、校長以外の人が巻頭文を書いているものに出会うことがある。「毎月毎月、『学校だより』を書くのがこんなにも大変だとは思わなかった。文章は苦手なので、いろいろな人に書かせている」このように話す校長もいる。

学校現場は忙しい。一か月はあっという間に過ぎる。確かに「学校だより」を書いていくことは簡単なことではない。つい億劫になる気持ちもよくわかる。

しかし、保護者は「学校だより」を通して、学校はどのように子どもたちを見ていて、どのような教育をしていくのかといった、学校全体の方向性を知るのである。毎回の「学校だより」を書くことは、学校の責任者としての校長の務めであると私は思う。

「学校だより」を複数の人が書くことによって、学校教育の多様な面を伝えることができるという考えもあるかも知れない。副校長ならではの視点、主幹や主任からの見方など、校長とは違う角度から学校教育を語ることもある。しかし、「学校だより」の巻頭以外の頁でそれはいくらでも書くことができる。巻頭文は「学校だより」の顔である。ここにはやはり校長が毎月書いて、学校の長としての生《なま》の言葉を発信していきたいものである。「うちの『学校だより』は、書く人が輪番になるんです」とある教師が不満げに話をしていたが、校長先生たる者は自分で学校だよりを書くべきだという思いだったのだろう。

日常の授業観察や校内で見かけた子どもの姿から、学習の様子、遊びなどの生活面の様子などを伝える言葉が出てくる。運動会や学芸会、遠足や移動教室などの学校行事から、子どもたちの成長を保護者とともに喜び合うこともできる。

学校の教育目標や、伝統、地域の特性、季節ごとの特徴と学校生活の結びつき、社会で報道されるニュースと学校教育との関連なども材料となる。日頃から「学校だより」に書く題材を考え、注意力のアンテナを高くしていると、書く材料はたくさん生まれてくるものである。

子どもたちを温かく見守り、学校の教員たち全員で力を合わせて教育活動の指導を行っていることを、「学校だより」で伝えることは教員たちの励みとなる。保護者にとっても日頃の「学年だより」「学級だより」とは違う重みあるものとして受け止める。

「学校だより」は、保護者に学校教育の進むべき道を示す道しるべである。保護者からの信頼を得るためのものとして、力を入れていきたい。「学校だより」はその学校の教育を進めていく校長の姿そのものである。

「学校だより」を書く時には

副校長（教頭）から校長に昇任する新人校長先生たちから、「学校だより」をどう書いたらよいのかとの相談をよく受ける。三月まで副校長として激務をこなし、四月からすぐに校長として「学校だより」を書くのは、大変緊張するものである。学校の代表として書いたものが活字に残るので、うまく書こうとあれこれ考える。迷い始めるときりがなくなるのは、校長なら誰しもが経験することであろう。

新人校長先生たちには、次のことを助言している。

(1)「〜と申します」はいらない

「このたび、本校の第何代の校長として着任した〜と申します。」新人校長だけに限らず、経験がある校長が転任して替わった時にも、このような文面で始まる四月号がある。「学校だより」の冒頭には、すでに校長名が書かれている。少ないスペースの中で、わざわざ改めて自分の名前を本文に入れる必要はない。本題にすぐに入るほうがすっきりとした文章になる。

(2) 前任校長と比較しない

「素晴らしい実績を誇る前任の〜校長先生の後任ということで、微力ですが……」

このような「学校だより」を読むことがある。これまでの校長の学校経営に敬意を表してということであろう。前任校長の実績は誰もが認める大きなもので、後任として荷が重く感じるという場合も確かにある。

しかし前任校長の実績を誉め称えた後、次の校長の自分のことを書き始める「学校だより」は、保護者にとって果たしていかがなものかと考える。それを称えるのは歓送迎会などの場にしておき、保護者には自分の教育への思いを伝えるべきであろう。今は自分が校長なのである。目の前にいる子どもたちを見て、今の校長としての自分の考えや思いを表現したい。

(3) 自信をもって堂々と書く

時々、自分が果たしてこの学校の校長としてやっていけるのだろうか、という気持ちが文面から伝わってきてしまうような「学校だより」を目にする。学校経営は心身ともにタフでないと務まらない。校長になることで気持ちが新たになったものの、不安も出てくる。これは誰にでもあることではないだろうか。誰しも多かれ少なかれ、不安な気持ちをもったまま、校長に赴任していくのである。

学級担任を見た時に、子どもや保護者にとっては、初任者教員であってもベテラン教員であっても、同じ担任である。これと同じように、新人校長であっても、保護者にとっては学校長なのである。

謙虚さは大事であるが、自信がないのでは、と保護者に感じられてしまうようなことは避けたい。「学校だより」には自信をもって、学校経営を進めていく熱を伝えていきたい。

校長の愛情あふれるまなざし、確かな教育観を、保護者は求めているのである。

簡潔、明快、感銘

　自分が教員の時に、よい文章の書き方の本※に出ていた言葉である。「『簡潔、明快、感銘』がよい文章づくりの条件である」ということであった。感銘は日常の文章でいうと少し大げさになるが、読み手の印象に残るということであろうか。この三つを絶えず意識して文章を書くと、自分でも少しはいい文章になってきたと感じたものである。校長として書く文章に当てはめてみると、次のようになるだろう。

簡　潔

○文を短くする……一つの文が長いと、意味が伝わりにくくなる。読み直して長いようなら二つに分ける。

○主語と述語を近くする……「私は学芸会での子どもたちの演技から、本校の子どもたちは、人前で自分の考えを表現したりすることが苦手な子が多いけれど、このような大きな舞台でいい演技をするのを見て、堂々と表現できる子たちだと思います。」

　主語の「私」、述語の「思います」の間が離れ過ぎていて意味が通りにくくなる。この場合は、「私は本校の子どもたちは、堂々と表現できる子だと思います。それは……」と主語と述語を近づけて、文を区切るなどの工夫をするとよい。

○回りくどい言い方はしない……ロシアの文豪チェーホフの文章論の中に「雨が降ったら、雨が降ったと書け」というのがあると言う。回りくどい言い方をすると、読み手に伝わらなくなる恐れがあるというのである。柔らかく表現しようとして婉曲に言ったつもりが、相手にその真意が伝わらないということはしばしばある。もちろん内容にもよるが、はっきりと書かないと相手に伝わらないことがあることを頭に入れておきたい。

明　快

テーマは一つ……一つ文章の中に、テーマがあれこれたくさん書いてあるものを見ることがある。一つ一つの材料は興味深いものなのだが、いくつも盛り込んでしまうと焦点がぼやけてしまう。明快に書くにはテーマは一つと決めるのがよい。そして、大事なことは始めと終わりに書き、主張を明確にすることである。言い換えれば、読み手がその文章を読んで、この文章はこんなことを言っているんだと、はっきりわかる文章でありたい。

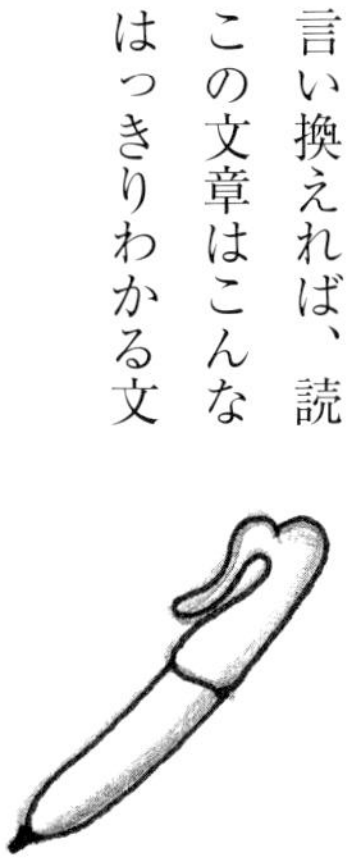

感　銘

事実を書く……「学校だより」で校長が、行事などでの子どもの頑張り、成長の姿などを書くことは、学校での子どもたちの様子がわかるという面でも保護者が喜ぶ材料である。が、その中で、「私は大変感動しました」と直接表現を用いることは、効果的ではない。見聞きした事実を書き、自分の心にどう響いたのかを、自分の言葉として素直に表現していくことで、相手に感銘が伝わっていくものである。感動したと頻繁に書くのではなく、声、表情、言葉、しぐさ、情景などをよく見て、その事実を書いて伝えていきたい。

※『短い文章のコツ』石川真澄著　ベストセラーズ刊

何を伝えたいか

文章を書く時、それは何かを相手に伝えたい時である。伝えたい事柄、考え、訴えたいことがなければ、文章を書く意味がなくなる。この何を伝えるかが最も大事になってくる。

学校だより、ＰＴＡだより、地域だより、各研究会、研修会の冊子など、校長として関わる文章には、さまざまなものがある。

校長先生がこの文章で伝えたいことはこれなんだな、と明確にわかるものは読後感がよい。また、その校長先生と自分の考えの共通性や違いを考えることもある。しかし時には、何を伝えたいのかがよくわからない文章にも出会うことがある。おそらく伝えたいことがたくさんあって、書いている途中でいろいろな話題が頭に浮かんできたのだろうと思う。

こんな「学校だより」があった。校長も一緒に引率した遠足で、子どもたちが公園で元気よく走り回りながら遊んだことが書かれていた。最近は室内でゲームをして遊ぶ子が多いので、このように体を使って遊ぶ機会が、これからもたくさんあるとよいというものであった。が、文章の中頃から、「話は変わって」となり、一か月後に訪れる運動会の練習がすでに始まり、当日の子どもたちの演技への期待が書かれていた。そして「さらにもう一つ」とあり、学校公開の日が近づいてきたので、子どもたちの学習の様子、その頑張りをぜひ見てほしい。と結んであった。「学校だより」の巻頭文で、三つのことが話題を変えて出てきたのである。

このように、次から次へと話題が変わると、読み手は一つ一つ内容を十分にかみしめることなく、印象が弱くなってしまう。それぞれ載せる価値があるにしても、焦点を絞るべきである。

また、話題を一つに絞ってあったとしても、主題が何なのかがぼやけてしまう文章もある。ある「学校だより」には、読書週間を前にして「読書週間と子どもたち」との題名のものがあった。最近の子どもたちの活字離れ、自分の子どもの頃の外遊び、自分の好きだった本、保護者へ好きな本の問いかけ、最後は国語の教科書に載っている作品の面白さで結んであった。

話題は確かに読書のことに絞られている。しかし、一つ一つの材料がばらばらに書かれ、一貫した書き方になっていない。一番言いたいことは何なのか、が残念ながらはっきりしなくなってしまった。

このように書きたい材料がたくさんあり、書いているうちに勢いがついてしまって、結果として、書き手の一番言いたいことがうまく伝わらない文章を時々見かけるが、何とももったいないと思う。

この文章で一番自分が言いたいことは何なのかを、常に意識する必要がある。例えば、「子どもたちに本を読むよさを、学校からも保護者からも伝えていこう」ということが一番言いたいのであれば、その主題のメモを常に見ながら文章を書いていく。

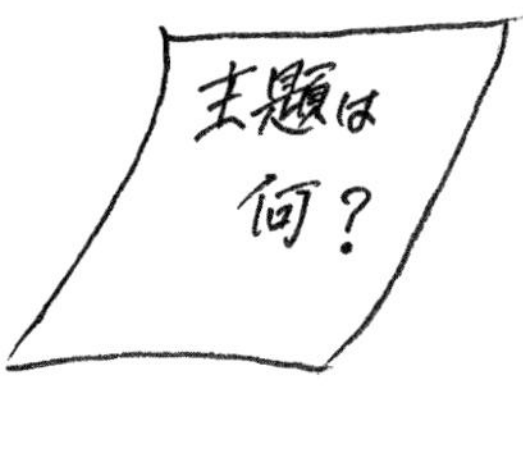

常に何を伝えたいのかを意識すること、これが書く力を高めていくことになる。

相手意識、目的意識

文章を書く時に大事なことは、この文章は誰に対して、どういう目的で書くのかという意識である。つまり相手意識、目的意識を明確に持つことが文章を書く時の基本になる。ところが書きたいことがあり、書くことに夢中になっていると、誰に対して、何のためにこの文章を自分が書いているのかを、つい忘れがちになってしまう。

校長が書く各種の文章には次のようなものがある。それぞれ相手意識、目的意識を整理してみるとよい。

○学校だより……保護者に対して、学校の教育方針、教育活動の意義、学校行事での子どもの姿などを伝える。基本は保護者に対してであるが、同時に、校長の考える教育観を教員にも理解してもらい、同じ意識で学校教育に臨んでもらうという側面もある。

○ホームページ……保護者だけでなく、地域や、また他の学校の教員や一般の人なども読み手となる。目的は、学校だよりと同じように学校の教育方針、教育活動の意義などである。

即時性があるため、宿泊行事中の校長の感想や、毎日の校内の様子などを校長が書くこともある。

○ＰＴＡだより……ＰＴＡが主体となる刊行物なので、校長が書く文章としては保護者が相手となる。多くはＰＴＡ総会、運営委員会などでの校長の言葉が掲載される。

○研究紀要……校内研究のまとめである研究紀要の配布先の人たちが相手となる。近隣の学校、研究会の講師、区や市の教育委員会、それに自校の教員が相手となる。

校内研究にどのような意識、体制で取り組み、どのような研究を行い、その成果と課題を校長の立場から書く。とりわけ、その研究の中身が、今日的な教育課題を反映しているかという視点で書く。

ところでよい文章とは、どんな文章のことをいうのだろうか。それは「伝えたいことがわかりやすく伝わる文章」だと私は思う。時々、次のように、読み手にはわからない言葉が書いてある文章を見かけることがある。保護者向けの学校だよりである。

「担任は移動教室実踏のため三日間、学校を空けます」

「今年の校内研は研推が中心となって新たに教科化された道徳を研究することになりました」

実地踏査の略の「実踏」、研究推進の略の「研推」も辞書には出てこない学校独自で使われている言葉である。また職員朝会の略の「職朝」、職員の夕方の打ち合わせである「夕会」も、相手が教員ならわかるだろうが、保護者には伝わらない。

常に相手を意識して、相手が知っている言葉かどうかを判断して使うことが、書く力には求められている。

また、「コトバの力」「ココロを届ける」「学びのカタチ」など、やたらとカタカナを使った商業的な謳い文句のような言葉も見かける。

カタカナの多用は避け、校長が書く文章は、日本語を大事にする者として、言葉の発信をしたいものである。

授業観察後の感想カード

教員の授業観察をすることは、校長として大事な職務の一つである。授業を通して、教員の子どもたちへの接し方、学習意欲の向上のさせ方などを見ることができ、よりよい授業に向けて、さらにどんな指導が考えられるかを、校長として指導助言をしていかなければならない。

また教員にとっても、校長に授業を見てもらうということは、緊張感を持って、ふだん以上に準備をして臨むであろう。

しかし、「せっかく準備も十分に行い授業をしたのに、校長先生は何も言ってくれなくて拍子抜けした」あるいは、「『とてもよかった』などのありふれた言葉だけで、勉強にならない」などの不満を教員たちから聞くことがある。

授業観察を、校長と教員の信頼関係を結ぶものとして上手に活用していきたい。そのためには「授業観察感想カード」という形で、校長の授業後の考えを文章として書き表すことがよい。

私が心がけていたのは、次の三点である。

まず、授業のよかったところである。教材選定のよさ、教員の豊かな表情と反応、発問、指示の明確さ、子どもの意見の取り上げ方の適切さ、授業展開の流れなどを書くことで、授業者も校長に認められたことでの喜びが得られる。

次に、授業改善に向けてである。「話し合いの時間をもう少し長くとり、お互いの考えから知ったことを出させるとよい」「子どもたちのノートの書き方で、自分の考えをしっかり書かせるにはこんなところを工夫しよう」など、具体的ですぐに取りかかれそうなことを書くと次の授業につながっていく。

そして、最後に添えるのが、その教員の日常の学級経営で力を入れていることや、最近気になっていることである。

教室に掲示してある学級目標に子どもたち一人一人の顔が書かれていたり、目標の中に日頃よく声掛けしている言葉が盛り込まれていることなどにふれる。

また、指導が難しい子に授業の中で配慮をして活躍の場をつくっていたことなどを書く。

その観察時の一時間だけでなく、日常の学級経営のことで校長がとらえていること、校内巡視などから感じたことを書き、日頃の指導の頑張りをねぎらうことが大事である。

授業観察の後、職員室や廊下などで立ち話をして感想を伝えることがあるが、できたら少しの時間でもいいので校長室で座って、校長の言葉として直接伝えたい。その時にこの授業観察カードも渡すと、校長の言葉が文章として残っているので、後から振り返ることができ、効果的である。このように教員一人一人に感想を書いて渡すことも、校長の書く力の表れとなる。

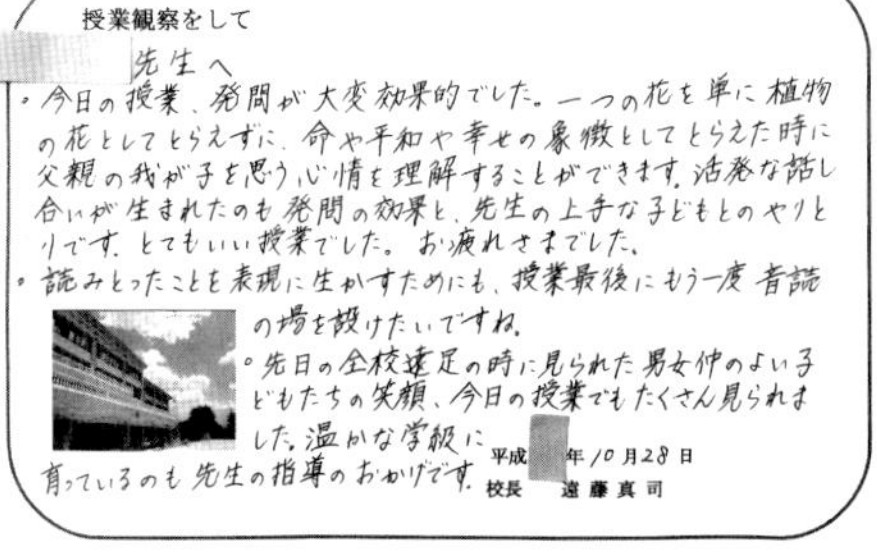
授業観察をして

先生へ

・今日の授業、発問が大変効果的でした。一つの花を単に植物の花としてとらえずに、命や平和や幸せの象徴としてとらえた時に父親の我が子を思う心情を理解することができます。活発な話し合いが生まれたのも発問の効果と、先生の上手な子どもとのやりとりです。とてもいい授業でした。お疲れさまでした。

・読みとったことを表現に生かすためにも、授業最後にもう一度音読の場を設けたいですね。

・先日の全校遠足の時に見られた男女仲のよい子どもたちの笑顔、今日の授業でもたくさん見られました。温かな学級に育っているのも先生の指導のおかげです。

平成 年10月28日
校長　遠藤真司

卒業生に贈る合格のお守りと色紙、六年生担任へ贈る手紙

教育活動の一年間の締めくくりである卒業式に向けて、私は毎年、次の三つの「書くこと」を実践してきた。学校経営上、教員からの信頼を集め、極めて効果的であった。

受験する子へ「合格保証書」……カードに受験する子の名前を書き、合格保証書と書いて、校長の名前とともに印を押したものである。一月に国立・私立中学受験生を校長室に集め、「これは特別に作った合格保証書。これを会場に持って行き試験を受けると、必ず合格する。これを持って行って合格しなかった子はいない。絶対大丈夫だから自信を持って試験を受けてくるように！」と言って一人一人に渡すのである。

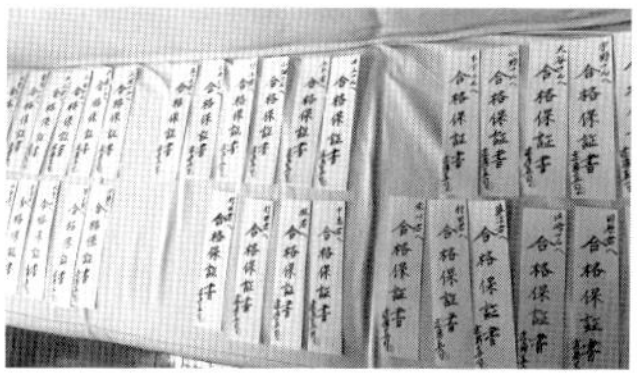

子どもたちは本当にそんな効用があるのかという笑いを浮かべながら、しかしうれしそうに受けとり、全員筆箱にしっかり入れて受験に臨んだ。保護者からもとても喜ばれた。

卒業生への色紙……卒業前になると、六年生の子たちと校長との会食をもつ学校は多いだろう。給食を食べながら、小学校時代の思い出、中学校への希望を聞いたりして、校長と六年生の子たちとの交流がはかられる。

私は会食をした子どもたちと記念写真を撮り、この写真を中央に貼った色紙をつくった。写真の下には子どもたちに送る言葉を書き、一人一人に贈ったのである。この時の言葉は、卒業式での校長式辞の時の主題に関わる言葉とした。

ある年は「思」という字を書いた。校長式辞で、詩人・吉野弘の「自分が写っている写真を見て、それを撮ってくれた親の気持ちを想像する」詩を紹介し、中学校に進む今、親の子を「思」う気持ちに気づく人間になってほしいという願いを話した。これを卒業文集への校長の言葉とした。色紙、校長式辞、卒業文集とみな同じテーマで卒業生に贈る言葉としたのである。

色紙は写真入りということもあり、子どもたちはとても喜んでくれて、卒業した後も自宅の机に飾り大事にしてくれた。卒業式前日のリハーサルで、この色紙を一人一人に渡し、気持ちが盛り上がったものである。

六年生担任への手紙……卒業式当日は、六年生はもちろんのこと、六年生担任も大きな緊張感を持って朝を迎える。専科教員など、校内のすべての教員の関わり合いがあってこその卒業生であるが、現担任の指導、関わりが、最も子どもたちに大きな影響を与えたことは間違いない。

小学校生活最後の学年でこの子たちを担任し、熱心に指導を続けてきたことに感謝したい。ねぎらいの言葉を文章にして、卒業式前日に手紙を書き、当日の朝、担任の机上に置いた。

校長先生からの手紙を読んで感無量になった、いい卒業式にしようと思った、などの言葉をもらった。このような言葉が、また校長の自分にとっての励みにもなった。

締め切り厳守、即日返事

教員の書類などの提出状況を見ていると、早く出す人はどんな書類でも必ず早く出し、遅い人は何事にも遅くなることが多い。通知表提出でも締め切り期限ぎりぎり、あるいは期日に間に合わないという人はだいたい決まってくる。提出する書類などは、期日までに必ず出さなければ担当者に迷惑がかかる。このことは、当たり前のことながら、校長自身もまた心しなければならないことである。

ある学校では、「学校だより」の担当教員が、毎月、何日までにこの原稿を書き上げてくださいと校内の教員に頼んでおく。その学校では校長がいつも原稿を出すのが遅い。毎月締め切り日ぎりぎりに出し、時には期日を過ぎることもある。そこであらかじめ締め切り日を、実際の日より二、三日前に設定して校長に伝えておくのだそうである。

締め切り日を必ず守る、この大切さは教員も校長も変わりない。担当教員もさすがに校長には、「原稿まだですか」とは聞きにくい。締め切り日を厳守することは、相手を気遣うことなのである。

さらに言えば、期日までに間に合えばよいというものでもない。いつもいつも締め切り日ぎりぎりの人は、時には遅れることもある。原稿を集める者としては冷や冷やものである。一、二日ほど早く出すことにより、こちらも相手も安心する。あの人は必ず原稿提出に遅れない人だ、と安心感を与えることが大事である。お互いの信頼関係につながってくるのである。

また相手に出した文書やメールの返信待ちの機会は多いが、相手から返事がなく苛々するのは、よくあることだろう。ある会への案内状を出し、出席か欠席かの連絡が来ない、「研究会の進行状況を関係の人たちに伝えて、その結果を期日までに知らせてほしい」との連絡をしても返事がない。このような時には、もう一度連絡をするか、もうしばらく待つか、幾度となく迷うことがある。

ある校長先生が言っていた。他校の校長先生たちに、感謝の手紙、激励の便り、近況報告、お礼状などをこまめに書くことが多いのだが、相手から返事があると、やはり書いてよかったと思う。でも全く反応がないこともしばしばある。やはり返事がないのは寂しいというのである。

手紙を出すには時間がとられる。住所を調べ、宛名を書き、文面を書き、封筒に切手を貼ってポストに入れるという時間、相手のために費やす時間である。受け取った手紙は、それだけの時間と手間を相手からいただいているのだ。もらった手紙に必ず返事を書くことは、相手に対して当然の謝意であり、誠実さである。

「最近はメールでも返事がないことが多い。一言、ありがとうございますと書いて送ればいいだけなのに、それがなぜできないのだろう」とも言っていた。

返事は必ず出す。自戒を込めて、心しておきたいものである。

図に書いて心の方向を「見える化」

校長として学校に勤めていると保護者からの苦情に必ず出会う。担任の先生はうちの子どもにこんな言葉を言った、対応が不適切であった、不満があるというものが多い。

子どもの人権を考えない言葉、体罰にも相当するような言動などは問題外だが、教師の何気ない一言や行動が、子どもから保護者にうまく伝わらず誤解されることも少なくない。

ある時こんなことがあった。保護者が感情的になって校長室に来て担任への不満を言い、謝罪を求めてきた。忘れ物をして来た自分の子どもに冷たい言葉を投げかけ、腕組みをし足も組んで、子どもの言い分に耳を貸さなかった、思いやりに欠ける先生であるというものであった。

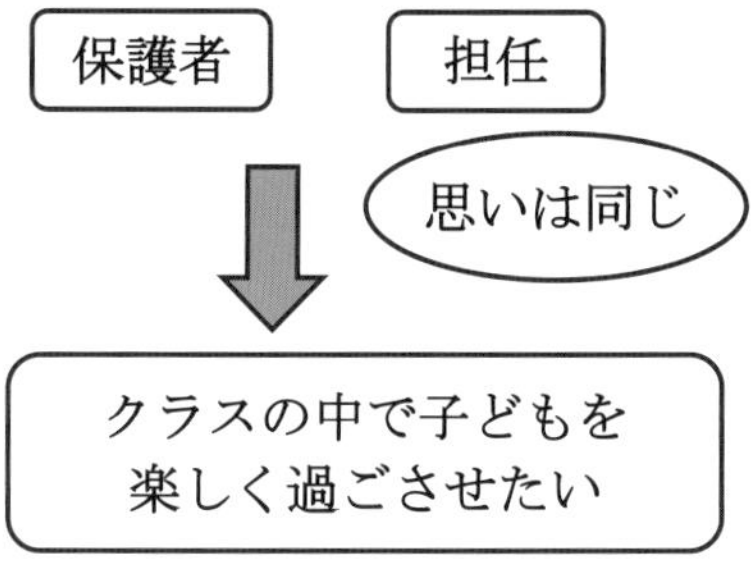

その先生は決して冷たい先生ではない。日頃の子どもへの接し方を知っている私には、子どもの言葉通りにはとても思えなかった。その先生からその時の状況を聞くと、やはり子どもの伝え方がよくないようであった。

このような時は私はいつも上のような図に示して保護者に話した。

子どもの望むことを担任も保護者も同じ気持ちで支えている、ということを図で書くと、その構図が見えてきて理解を示してくれた。最終目標は同じなのだ、この思いを図で共有化するのである。

図を書いて説明するのは、保護者だけでなく教員向けにも行うことがある。

若手教員が校長室に訴えに来たことがある。先輩教員が厳しく、毎日がつらくて自信がなくなってきたということだった。当人と先輩教員と個別に話を聞いてみると、確かに厳しい言葉で何度か指導をしていた。

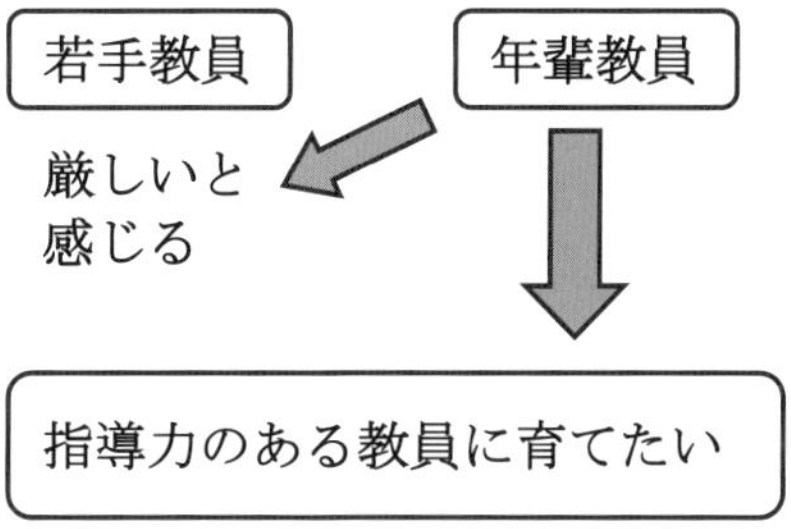

しかし、その若手教員の子どもたちへの指導力がもう一歩であり、つい厳しくなってしまったということである。その先輩教員には、若い教員には言葉かけをもう少し柔らかくするよう話して、若手教員には上のように図に書いて説明した。

図を見ながら話を聞いていた若手教員は、図をじっと見て、確かにあの先生の言葉は私に指導力をつけさせるための言葉だったと、一つ一つ回想しながら、納得していったのである。

話し言葉はその場で消えていくものである。しかし文字に書き表すとその意味が見えてくる。図に書いて説明するのは、心の方向の「見える化」である。有効であると経験からそう思う。

５Ｗ１Ｈで記録をとる

学校経営では記録をとらなければならないものが多い。保護者からの苦情、訴え、要望や、事故・事件の経緯などは、これを上手に整理し書き残すことが、学校経営の安定化につながる。新聞記事の執筆観点である５Ｗ１Ｈを頭に入れておくとよい。

When　いつ　（何年、何月、何日、何曜日、何時）
Who　誰が　（教員、子ども、保護者、家族、地域の人）
Where　どこで　（学校、教室、家、登下校の道）
What　何が　（起きたこと、やったこと）
Why　なぜ　（理由、きっかけ）
How　方法　（どのようにして）

例えば、保護者から学級の苦情が寄せられた時、担任に来る時もあれば、副校長のところに来ることもある。中には直接、校長に苦情が来ることもある。この時には保護者が感情的になっていても、こちらは気持ちを受け止めつつ、できるだけ正確に記録をとる必要がある。

子どもが学級でいじめに遭い、担任の対応に不満をもった保護者の訴えを聞く場合、次のようにする。

いつのことなのか。月日だけでなく、曜日も書く。なぜなら次の日が、学校がある平日なのか、休みの日なのかは、子どもの実態をとらえるには大事なこととなる。また時間も必要である。学校ならば何時間目の出来事なのかを把握することである。

誰が関わっているのか。一人なのか、複数なのか、名前はわかっているのか、それを知っているのは家族で誰なのか、他の子も関わっているのかなど。

どこで起きたことなのか。学校なのか、それとも登下校の途中なのか、学校外の図書館や児童館なのかなど。

何が起きたのか。物をとられた、持ち物を隠された、殴られた、蹴られた、暴言を吐かれたなど。

なぜそうなったのか。以前、もめごとがあったことや、意見が合わなかったことなど。

どのように行われたか。体育の着替えの時にわざとぶつかってきた。登下校の時に数人でランドセルを当ててくるなど。

このような観点で話を聞くと、出来事の確かなところが記録され、問題点が整理できてくる。

また、「殴られた」という言葉を子どもから聞くと驚くが、じっくり聞くと、「ちょっと手を出した」ということもある。大人が想像する拳で力を入れて思い切り「殴る」とは違ってくる。手の出し方などは、正確に聞き取り、書き残すことである。

保護者の話を正確に聞き出そうとして、「誰が一緒にいたのですか」、「お子さんは家で何と言っているんですか」など、矢継ぎ早に質問をすると、事情聴取されている気分になり、不快な気持ちを与えてしまう。相手のペースに合わせてじっくり聞き、情報を正確に書くことが信頼される学校経営につながる。

学校だより

平成22年2月　　校長　遠藤真司

報われることと報われないこと

２月になり、いよいよ12日から28日まで、カナダのバンクーバーで、第21回冬季オリンピックが開催されます。このところスポーツニュースの報道などでは、連日、スキーやスケートなどオリンピックの選手の情報が流れています。出場する選手たちも、自分にかけられる期待をひしひしと感じている頃でしょう。

しかし私は、オリンピックに出ることを夢見て、これまで一生懸命に練習を積み重ねてきたにも関わらず、出場できなくなった人たちの気持ちを、今、考えてしまいます。実力としては出場する選手と遜色ないのに、わずかの差、あるいは選考当日の体調や運などで、残念な結果に終わってしまった人も必ずいるはずです。さぞ無念のことでしょう。中にはおそらく無念のあまり、テレビでオリンピックを見られない人がいるかも知れません。

何事も一生懸命やれば報われるかと言えば、そうとは限りません。むしろ長い人生の中では、一生懸命やっても結果として報われないことの方が多いかも知れません。残念ながらオリンピックに惜しくも出場できなかった選手は、これまでの努力は何のためだったのか、などと自問自答することもあるでしょう。

しかしそれでもこれまでの努力は、決して無駄だとは私は思いません。「オリンピック出場」という点、これだけで言うと報われなかったと思いがちです。でも、「目標を持って、一生懸命に心も体も自分の限界まで練習を続けてきた努力」、これが、これからの人生で無駄になるはずがありません。要はこれからの気持ちをどう前向きに持つかどうかで、無駄にもなれば、人生に生かすことにもなるのだと私は思います。そしてこのことは、子どもの教育にも、我々大人の生き方にも通じるはずです。

子どもたちも日頃の学校生活、受験、友だち関係などで、自分が努力したことが必ずしも報われることはないかも知れません。それでも今後どうしていくか、心の持ち方でまた前向きに歩んでいけるはずです。

今月はテレビでオリンピックを見ながら、晴れやかな舞台には上がらなかった人たちの、これからの生き方にも同時にエールを送りたいと思っています。

女性教員のご主人が就職で思うようにいかず、先行きが不安で大きな悩みを抱えていて相談を受けた。気持ちひとつで前向きになれるはずと信じて励ました。無事に１年後、いい結果が出て、この学校だよりで夫婦ともに勇気がわいたと大変感謝された。

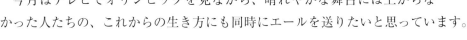

学校だより

平成23年11月　　　　　　　　　　校長　遠藤真司

式根島の風に吹かれて

先月の21日（金）～22日（土）に伊豆七島（東京都）にある式根島小学校の研究会に呼ばれて行ってきました。今回で３回目の訪問になります。人口500程のこの島には小学校も中学校も一つずつしかなく、小学校の全児童は21人です。この日研究授業があった２年生はわずか３人で、秋の俳句づくりに挑戦して、すてきな俳句ができていました。

島の子どもたちは、小学校から中学校まで、クラスの友だち関係は変わりません。人間関係が固定されているので、お互いに相手を思いやり、仲良く過ごすことが何より大事です。島の人たちはお互いのことを知っているので、よく子どもに声をかけたり、気をつけて見てくれたりして、安心な環境のもとで子どもたちは成長していきます。

学校の先生たちとは、夜、懇親会でいろいろ話をしました。ほとんどの先生たちは、原則３年間の任期で都内から異動してきて勤務しています。どの先生も大変熱心に子どもに接して指導をしていて、少人数なればこその細やかな気配りにあふれています。先生たちからも、周りの大人たちからも大事にされている島の子どもたちは、きっとこのような環境の自分の学校を誇りに思っていることでしょう。

本校の子どもたちも、先生や保護者、地域の人たちなど、温かな大人たちに囲まれながら過ごすことができて、この学校のことを誇らしく思っているはずです。

東京にもさまざまな学校があります。どこにいても子どもたちを大切にして、自分の学校を誇らしく思うような子どもに育てていきたい。東京百景にも選ばれている式根島随一の景勝地、「神引《かんびき》展望台」で、島の心地よい風に吹かれながらこんな思いを強く持ちました。

島に住む人たちは、自分が生まれ育ったところに強い愛着を持っている。近くに住んでいる人が、ともに声をかけあう安心感である。この学校だよりを読む保護者、地域の人たちへ地域力が育まれるよう願いをこめた。

学校だより

平成25年4月　　校長　遠藤真司

花は咲く

先日、NHKで東日本大震災の復興応援の番組が放送されました。あれから２年あまり、多くの人と物が失われて、今も続く厳しさの中、懸命になって立ち上がっている人がたくさんいます。「涙を流してばかりいられない。前へ進まなきゃ」と話す人たちが、番組の中で歌っていた『花は咲く』がとても印象的でした。

被災地では、まだまだ施設が十分整っていない学校もある中で、本校をはじめとする都内にある本校は順調に新年度を迎えられ幸せだと感じます。

さて震災復興の歌『花は咲く』の曲名と歌詞はどういう意味でしょうか。

これは瓦礫だらけになったこの地にも、また人々の新たな夢や希望などの花が咲いてくるという思いが込められた歌詞です。そして学校にいる私はこの歌を今聞くと、一人一人の子どもたちの良さ、可能性、その芽がいつか花となって咲いてくるという意味に受け止めたくなるのです。

子どもたちは、どの子にもそれぞれの良さがあります。学級の子どもたちを見ていると、学習にまじめに取り組み、疑問点を自分から進んで調べる子、運動が好きで体育で活躍する子、楽器が得意で音楽の時間の演奏を楽しみにしている子、本を読むことが大好きで想像力を楽しむ子、明るく楽しいおしゃべりで人気がある子、目立たないけれど優しい思いやりにあふれて友だちに親切にする子など、十人十色の子どもたちの個性が光ります。

子どもに接する私たち学校の教職員、そして家庭で子どもを育てていく保護者の方々は、子どもの良さを見いだして、伸ばしていけるよう後押しをしたいものです。子どもたち一人一人の長所という芽が、やがて成長して、花が咲く。子どもの可能性が生きてくる学校生活、本校はこのような学校でありたいと思っています。

新年度が始まりました。いよいよ今日から新たな学校生活が始まります。初めての学校生活で緊張と不安がある１年生、ひとつずつ学年が上がって張り切っている２年生から６年生、どの子も楽しく学校生活が送ることのできるようにしていきます。子どもたちの良さ、長所という花が学校生活で咲くよう教職員全員で取り組んでいきたいと思います。どうぞ今年度も、保護者の方々、地域の方々、本校の教育活動に応援をしていただけるようお願いいたします。

復興に向けて力強く生きていく東北の人たちの様子に、心から応援をしたい気持ちでいっぱいになった。この世の中にはいろいろな「花は咲く」があり、この歌を聴き、歌う子どもたちの将来が明るくなることを願った。保護者から共感する声をたくさんいただいた。

学校だより

平成26年11月　　　　　　　　　　　　　　　　　校長　遠藤真司

おにだっていろいろあるのに……

３年生の国語の教科書に、童話作家あまんきみこさんの物語『おにたのぼうし』があります。おにた（優しくて恥ずかしがり屋の鬼の子ども）は病気の母親を看病し続ける女の子を見て、その子が知らないうちにお赤飯をそっと置いていきます。病気を治すために食べてもらいたいと思い、女の子は自分はお腹がすいていないと母親に言います。その後「ごちそうがあまった」と言って、ぼうしをかぶって人間に装ったおにたは女の子にお赤飯を渡します。

女の子は喜びます。が、鬼が来ると母親の病気が悪くなるので豆まきをしたいと言います。人間は鬼が悪いといつも決めつけていることに不満を持っていたおにたは、この時も自分が優しくしてあげた女の子が鬼のことを悪く言うことに衝撃を受け、「おにだっていろいろあるのに……」と言っていなくなるのです。おにたの気持ちを思うと何とも切なくなるお話です。

この話を読む子どもたちは、場面の様子を思い浮かべながら、おにたや女の子の気持ちの移り変わりを読んでいきます。と同時に、この物語を通して「ものごとを一方的に決めつけない」ことを学びます。

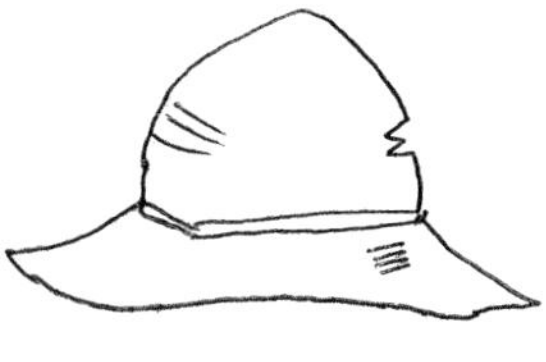

私はこの物語を読むたびに、教師や親の「子どもを見る目」を教えられる気がします。人間が鬼を悪いと決めつけるように、私たちも知らず知らずのうちに、ものごとを決めつけることをしてしまっていないでしょうか。子どもが何か悪いことをやると、注意し、叱り、それが続くと、この子はいつも悪さをするという見方に固定されがちです。子どもが失敗を続けると、次もまた失敗をするだろうという目で子どもを見てしまう。こんなことが子どもの周りにいる私たち大人が陥りがちな過ちです。

子どももある時に悪いことをやってしまったとしても、反省し、次はよくなろうと気持ちを変えていくことがあります。失敗しても、それを糧にして次はうまくやっていこうと努力をすることもあります。しかし人間ですから、簡単にはいきません。それは大人も同じはずです。大事なのは、決めつけないこと。「昨日のぼくと今日のぼくは違う」このような言葉が子どもの心の中に浮かんでくる気がします。

「さっきの子は、きっと神様だわ」おにたがいなくなった後、女の子はこう考えます。この言葉が、おにたの心に届いてほしい、こんな読後感を持ちました。

一方的に決めつけてはいけないことの大切さを改めて感じたと、何人かの先生たちから声をかけられ、この号をきっかけに、子どもを見る目についての話が深まった。保護者からは、家族で『おにたのぼうし』を読み、話が盛り上がったと感謝された。

学校だより

平成28年3月　　校長　遠藤真司

子育ての「北風と太陽」

「つい子どもを大声で叱ってしまうんです。もう少しやさしく言葉をかけなければいけないとわかっているんですけれど……どうしたらいいでしょうか」これまで保護者からこのような相談を何度も受けました。このような時、いつも私はイソップ童話の『北風と太陽』の話をします。

北風が太陽に自分の力を自慢すると、太陽はコートを着ている男を見て、どちらがあの男のコートを脱がすことができるか力比べをしないかと提案します。北風が強い風を吹かせば吹かすほど、男はコートをしっかり握り脱がすことはできません、太陽は春の日差しのように男の体を温め、少しずつ日差しを強めていくと男は暑くなり、とうとう自分からコートを脱いだという、誰もが知っているおなじみの話です。

子どもは一人の人間として未熟な存在です。成長していくためには大人の働きかけが必要です。しかしこの北風のように強い言葉や態度で、変わっていくものでしょうか。決してそんなことはありません。例えその時には、強く言ってきた人の話を聞いたとしても、心の中では聞いていなかったり反発したりするものです。強い風に当たれば当たるほど、それに抵抗する気持ちが働きます。子どもが変わる時、それは自分で納得がいった時です。穏やかにわかりやすく諭すことにより、子どもはこれまでの経過をふりかえり、自分の心を見つめ直すことができます。

私たち大人も同じではないでしょうか。強く言われれば言われるほど、心に壁をつくり気持ちは素直に聞けなくなってしまいます。相手に対して強引に自分の思いを強いても、決して相手は振り向いてくれません。

人を動かす時、それはこの太陽のような明るい光を相手に注ぎ込むことです。相手の立場に立って、どのようにしたらよいのかを話すことにより、心を揺り動かすことができると思います。

子育てで必要なまなざし、それは北風ではありません。太陽のまなざしが大切です。明日、晴れたら外に出て、太陽の光を浴びてみましょう。迷い、悩み、時には自信を失いがちな子育てで、明るい日差しから子育てへのエネルギーをもらえることでしょう。

ついつい子どもには厳しく言いがちになってしまうので、とても勉強になったと、多くの保護者、地域の人たちから感想をいただいた。最近、道徳授業地区公開講座の講師に行った時にも、この話を取り上げることがある。

校長室だより

平成20年4月　　校長　遠藤真司

会議はできるだけ短く‼

今年度もまた校長室だよりで、時々、私の考えを伝えようと思っています。どうぞよろしくお願いします。

さて学校では、国の教育改革のもと、次から次へと課題が押し寄せてきます。その中で私たち教師には、やらなければならないことが年ごとに増えてきています。職員会議はなくてはならないものです。しかし、できるだけ学級や授業のことに時間をとりたいのは、教師なら誰もが望むことでしょう。私は担任時代、会議で長い時間がとられるのが惜しくて惜しくて仕方がありませんでした。（第一、会議が長いと集中力が途切れて眠くなってしまうでしょう）みんなで協力し合って、会議の効率化をはかり、時間を生み出しましょう。「会議はできるだけ短く」が合言葉です。１時間から１時間半をめどに進行していきましょう。

＜職員会議を短くするために＞

①企画会の出席者は、企画会で話されたことを、学年、専科の先生に伝えておく。
　→　企画会で出なかった問題点がここで出てきたら、副校長に伝える。
②提案者はあらかじめ提案文書を配布しておく。
③配布された文書を職員会議までに読んでおく。
④職員会議では、提案者は基本的に一項目を５分以内で提案をする。
⑤提案をする時、文章を読んでわかることは読み上げない。
⑥前年度との変更点、検討したいこと、特に注意を喚起したいことを中心に、要点だけを話す。
⑦今年度転入してきた先生は、前年度の行事のやりかたなどについては、あらかじめこれまでいた先生に聞いておく。
⑧常に時間を意識して話す。
⑨司会者は復唱しない。
⑩職員会議はできるだけ時間内で終わるようにする。持ち越しになった件については職員朝会で伝える。

会議の時間を短くする→空いた時間は明日の授業準備にあてる

果たして、今の職員会議の回数、所要時間が本当に必要なのかと考えると、改善する余地があると思う。まずは校長が率先して発信していきたい。

校長室だより

平成21年4月　　校長　遠藤真司

わかる授業づくり

教育に関する新聞や雑誌のみならず、行政から出される教育資料などで、よく「わかる」授業が大切という言葉を目にします。「わかる」授業とはあまりにも当然と言えば当然です。しかし「わからない」授業もあるのはまた確かなことです。

これまでの多くの授業を見てきました。その経験の中で、先生は何を言おうとしているのだろう、子どもたちに何をやらせようとしているのだろう、そもそもこの授業でどんな力を身につけさせようとしているのだろう、と思われる授業も少なからずありました。おそらく教師の頭の中にはあるのでしょうけれど、それが子どもにも、見ている側にもうまく伝わらないのは、せっかく授業をやっているのに何とも残念なことです。わかる授業とはどういう授業でしょうか。私は次の５点が大事だと思っています。これからの授業づくりに参考にしてみてください。

わかる授業とは

①「**めあて**」がわかる	本時のめあての確認　　めあてカード など
②「**やること**」がわかる	何をやるのか、何を考えるのか　具体的な作業 そのためには指示、発問の明確さが必要
③「**考えたこと**」がわかる	自分の考え、友だちの考えがわかる 質問　話し合い　発表　書くこと などで共有
④「**学習の軌跡**」がわかる	板書　ノート　ワークシート など 書いたものを消さない
⑤「**学習したこと**」がわかる	めあての達成　ふりかえり

授業を受けている子どもにとって「わかる」こと、教室に来てこの授業を見ている人にとっても「わかる」こと、そして教室で子どもたちを前にして、まさにこの授業を行っている教師自身にとっても「わかる」ことが大切です。

「わかる授業をやりたい」このように言う先生が何人もいたが、具体的なことを聞くとはっきりしなかった。そこでこのような観点を投げかけた。この号をもとに授業づくりを行う先生が出てきて、実践に生かされた。

校長室だより

平成24年3月　　　　校長　遠藤真司

学ぼうとする者だけが学ぶことができる
～校内研究で学んだこと～

これまで数多くの研究会に参加し、授業を見てきて、指導・助言をしてきました。その中でもとりわけ、やはり本校の研究会には最も大きな期待をし、また楽しみにしてきました。それは常日頃の先生たちの子どもたちへの指導を見ていて、成果が明らかになるたびに、本校の教育力の向上が実感できたからです。

ここ数年、学校がよくなった、子どもたちがよくなったなど、よく保護者や地域の方たちから話が出ます。それは先生たちが熱心に、そしてていねいに子どもたちを指導し続けているからです。その積み重ねがこの言葉につながっているのです。その根幹にあるのは、やはり日々の授業です。授業を通して子どもたちは変わります。国語の研究を通して得た先生たちの指導法や力が、子どもたちの「話す、聞く」力を育て、学ぶ姿勢を生んでいるのです。

本校の校内研究は全員参加の研究会でした。副校長先生、担任の先生、専科の先生、すべての先生たちが積極的に関わって、研究会が成り立っていました。その確かな地盤は年々強く大きくなってきています。それは年間で講師を務めてきた私にとっても、大変やりがいがでる先生たちの積極的で熱心な姿でした。

「馬に水を飲ませようと思っても無理矢理、川に連れて行くことはできない」という外国のことわざがあります。喉が渇いた馬だけが川に連れて行って飲ませることができるという意味です。これと同じように校内研究会でも、何かひとつでも学ぼうという意識を持つのと持たないのでは、研究会で学ぶことの中身に差が出ます。「学ぼうとする者だけが学ぶことができる」のだと思います。

本校は自ら学ぼうとする意識の高い教師集団でした。集団の力の重なりがその力全体を大きくする時、「１＋１が３にも４にもなる 」という言葉を使いますが、20数人の先生たちの話や力が100にも200にも大きな力になり、学校全体の大きな教育力になりました。

「難しいことをわかりやすく」「わかることを楽しく」国語の理論と授業を結びつける話ができる、このような講師を私はめざしました。これらが先生たちの指導力の引き出しに入ってくれれば、こんなにうれしいことはありません。お礼の言葉をたくさんいただきましたが、私こそ先生たちの研究する姿、授業づくりへの熱心さに心を打たれ、学ぶことがたくさんありました。この１年間、私も一緒に勉強をさせてもらいました。どうもありがとうございました。

校内研究をいかに活発化させるかは、校長ならみな考えることであろう。私が校長を務めた２校とも、研究にみんなが燃えた学校であった。楽しく、深く学んだ研究は、その後もいつでも話題となり思い出す。

校長室だより

平成24年4月　　校長　遠藤真司

新年度が始まりました。各教室の子どもたちの様子を見ると、どの子も入学や進級した喜び、希望が顔に表れ、張り切っているようでした。今のこの子どもたちの表情を大事にしたいと思います。さて私が若手教員だった時に、先輩教員から教師としての大事な資質として、次の言葉を聞きました。

教師の情熱に子どもは心を動かされます。

指導力のある教師には、絶対の信頼感が集まります。

限りない愛情を子どもに注ぐ時、教師の仕事にやりがいを感じます。

私も担任時代、いつもこの言葉を頭に入れて、自分をふりかえりました。なかなかうまくいかないものでしたが、それでも子どもたちに望まれるような教師になりたいと思い、その指針としてこの言葉がありました。

保護者も子どもたちも教師を選べません。目の前にいる教師が情熱にあふれ、指導力に優れて、温かな愛情で接してくれることを望んでいます。子どもたちとの出会いを大切にして、心と心がつながる、そのような関係を築いていきたいものです。

今でも頭に残っているこの言葉、情熱と指導力と人間愛は、もちろん校長にとっても備えていなければならない資質・能力であると思う。

校長室だより

平成27年8月　　　　　　　　　　　　　　　校長　遠藤真司

自分のことを待っていてくれる人がいる職業

明日から２学期が始まります。日曜日の夜、テレビの「サザエさん」のテーマ曲を聞くと、「ああ、また明日から仕事か……」と、いささか憂鬱な気持ちになってしまう人もいるかも知れません(笑)。

先週、池袋のデパートに買い物に行きました。そこで母親と小学生の女の子が連れだって文房具を見ている様子が目に入りました。母親と女の子がどれにしようか、迷いながらも楽しそうに筆箱を選んでいました。そしてかわいらしい筆箱を買った時に、

「学校が始まったら、先生に見せるんだ」

「そうね、きっと、いいものを買ったわね、と言ってくれるわよ」

その親子はこんな会話を交わしていました。

そうです。子どもたちは、先生に会うのを楽しみにしているのです。夏休みにあったできごとを先生に話したい、先生に聞いてもらいたい、どんな反応をしてくれるだろうか、と楽しみにしているのです。夏休みが明けて学校に行き、先生の顔を見て笑顔を見せる、これが小学校の教師と子どもたちの姿です。何と素敵な光景でしょうか。

世の中には多くの職業があります。どの職業をとってもそれぞれ役割があり、何かに貢献することとなるでしょう。しかし自分のことを待っていてくれている人がいる、自分が顔を見せると声をかけてくれる人がいる、喜んでくれる人がいるという職業は教師ならではのものだと思います。

教師志望の若い学生と話をすると、教育実習で学校に行った時の子どもたちの笑顔が忘れられない、自分も早く教師の仕事に就きたいと言います。子どもの笑顔に気持ちがわくわくする職業、今、私たちはそのような仕事についています。改めてこの仕事に誇りを持ち、笑顔であふれる教室にしていきましょう。

さあ明日から２学期です。この仕事に就いていることに幸せを感じ、明るく元気に子どもたちを迎えましょう！

夏休みのデパートでの親子の会話。こんな声を聞くと、教師の仕事の誇りを改めて感じる。これを読んで、改めてやる気になったと言ってくれた先生が何人もいた。

おわりに

私は、大学卒業後に民間企業勤務を二社経験しました。その時に、上司と部下の良好な関係はどのように構築されるのかと、ずっと考えていました。これは小学校教員になった時も同じでした。

私が教師一年目の時の校長は、指導力のある素晴らしい校長先生でした。中でも先生の書く文章は、具体的でわかりやすく、温かさにあふれ、誰をも引きつけ、魅力にあふれていました。校長先生の書く文章から、私たちの上司なんだと誇らしい気持ちが湧いてきて、信頼度がより深まりました。まさに校長の力は「書く力」で決まると感じたものです。

私は文章作成の専門家ではありません。しかし、何とかいい文章を書きたい、という思いだけは強く、教員時代から自分なりに勉強をしてきました。校長になって、自分の文章が多くの人の目にふれるようになると、改めて、学校経営に及ぼすさまざまな面での文章体を考えるようになりました。

「文は人なり」と言います。校長として、教育に携わる者として、日々、自分の人間力を向上させること、そしてちょっとした「書くコツ」に気をつけると、今までより一歩いい文章に近づく、ということを学びました。

これからも全国の校長先生たちとともに、私もまたよりよい「書く力」を求め続けていきたいと思います。

今回も第一公報社の大平聡社長の温かな励ましにより、本書を発行することができました。厚く感謝を申し上げます。

二〇一八年七月

遠藤真司（えんどう しんじ）

元早稲田大学教職大学院客員教授、開智国際大学教育学部准教授。

早稲田大学法学部卒業。民間企業二社を勤務した後、東京都公立小学校の教諭となる。二校九年間にわたり、校長として学校経営に当たる。専門領域は国語教育、学級経営、教員養成、学校経営。

全国連合小学校長会機関誌『小学校時報』編集委員長、東京都小学校国語教育研究会会長、東京都研究開発委員会委員長、小学校国語教科書編集委員などを歴任。

多くの学校の研究会講師で指導に当たる。西東京市教育委員会教育計画策定懇談会座長、理想教育財団学級力向上研究会関東部会部会長、日本国語教育学会会員、日本義務教育学会会員、東京都小学校国語教育研究会顧問。テレビのニュース番組で、時折、教育問題のコメントを述べている。

著書：『教育の質を高める教育原理』共著（大学図書出版）、『国語科を通して考える学級力の向上』（理想教育財団季刊誌『理想』２０１７年秋号）、「カリキュラム・マネジメントを推進する学校経営」（『小学校時報』平成29年８月号　教育論壇、第一公報社）、『小学校国語教育　板書で見る全単元の授業のすべて』共著（東洋館）、『小学校国語科　授業づくりガイドブック』共著（明治図書）他多数。

明日を創る学校経営Ⅱ　校長の力は『書く力』で決まる

平成30年（2018年）８月27日　初版第一刷
令和７年（2025年）４月18日　初版第三刷

著　者　遠　藤　真　司
発行人　大　平　　聡
発行所　株式会社　第一公報社

〒112－0002
東京都文京区小石川４－４－17
電話03(6801)5118　FAX03(6801)5119

印刷・製本　日本ハイコム株式会社

カット　春本 彩（P.15、16、21）
　　　　大平 聡

ISBN978－4－88484－332－8　C3037

9784884843328

1923037005000

ISBN978-4-88484-332-8
C3037 ¥500E
定価：本体 500 円＋税

第 一 公 報 社